MENTES BRILLANTES
QUE INSPIRAN

TODOS
SOMOS
GENIOS
2

Planeta
Junior

MENTES BRILLANTES
QUE INSPIRAN

TODOS SOMOS GENIOS 2

ANDREW MALTÉS

ARTURO TORRES M.

ILUSTRACIONES:
ÓMAR ANDRÉS PENAGOS

Todos somos genios 2

© Andrew Maltés, 2019
© Arturo Torres Moreno, 2019
© de las ilustraciones, Omar Andrés Penagos, 2019

© Editorial Planeta Colombiana, S. A. 2019
Calle 73 N.º 7-60, Bogotá (Colombia)
www.planetadelibros.com.co

ISBN 13: 978-958-42-8354-2
ISBN 10: 958-42-8354-5

Diseño y diagramación:
Departamento de diseño Editorial Planeta Colombia S.A.

Primera impresión: diciembre de 2019
Impreso por: Editorial Nomos S. A.
Impreso en Colombia - *Printed in Colombia*

Sin trabajo no hay talento
excepcional ni genios.
Dmitri Ivánovich Mendeléyev

En todas las épocas hay
quienes no piensan como
los demás. Es decir, que
no piensan como los
que no piensan.
Marguerite Yourcenar

Física

Química

Medicina

INTRODUCCIÓN

No todos los genios han sido reconocidos o premiados. Muchos de ellos, a pesar de sus acciones valerosas, descubrimientos sin precedentes o aportes significativos a la humanidad, fueron olvidados y quedaron sepultados en el anonimato.

Este libro es una minúscula muestra de aquellos que no necesitaron de un reconocimiento, de un Premio Nobel, de un aplauso o de un cheque para dar lo mejor de sí, porque lo único que buscaban era servirles a los demás.

Este libro está dedicado a ellos:

A los que cayeron y se levantaron cada vez con más energía.

A los que fueron olvidados.

A los que quedaron por fuera de estas páginas.

A los justos entre las naciones.

A todos ellos, que nos siguen enseñando la importancia de dejar un legado, así el único reconocimiento sea el recuerdo de unos cuantos.

NIKOLA TESLA

Imperio austrohúngaro (Croacia)

(1856-1943)

FÍSICA

La biblioteca de la familia Tesla era inmensa, lo cual resultaba perfecto para Nikola, quien era un niño muy curioso al que le encantaba leer de todo: desde los *Principios matemáticos de la filosofía natural,* de Isaac Newton, hasta las novelas y obras de teatro de Paul de Kock. Pero sus libros favoritos eran aquellos que hablaban de ciencia y matemáticas, pues contenían problemas fascinantes, que día a día le resultaban más sencillos de resolver.

Aunque la madre de Nikola no sabía leer, era muy inteligente. Valiéndose de su recursividad, siempre inventaba nuevos elementos que facilitaban su vida y la de su familia. Gracias a ella, Nikola supo que quería dedicarse a la invención. Su padre era un predicador de la Iglesia ortodoxa, e inicialmente no estuvo de acuerdo con que su hijo quisiera dedicarse a la ingeniería, pero luego de que Nikola casi muere de una enfermedad intestinal llamada cólera, decidió apoyarlo incondicionalmente. El señor Tesla entendió que la ciencia también era un don de Dios.

Al terminar sus estudios, migró a los Estados Unidos, allí trabajó de la mano de Thomas Alba Edison,

MENTES BRILLANTES QUE INSPIRAN

con quien logró grandes avances para la electricidad. Sin embargo, ambos tenían diferencias sobre cómo debían ser iluminadas las ciudades, y esto hizo que Nikola renunciara y tuviese que trabajar abriendo pozos por un salario muy bajo.

Los avances de Nikola en el campo de la electricidad fueron tan grandes que unos inversionistas lo contactaron para trabajar en un proyecto para iluminar toda una ciudad. Hoy por hoy, las ciudades siguen utilizando el mismo sistema que él propuso.

Nikola también desarrolló importantes patentes para transmitir y recibir ondas radiales, un adelanto fundamental para la ciencia. Sin embargo, fue Guillermo Marconi quien recibió todo el reconocimiento, e incluso el Premio Nobel de Física en 1909. En 1943 Tesla recibió el crédito que merecía por esta contribución, aunque ya muy tarde, pues había muerto siete meses antes.

Nikola jamás ganó un Premio Nobel, y muchos de sus inventos fueron atribuidos a otros, pero a él nunca le afectó esto, pues no trabajaba para ganar premios ni reconocimientos. Su labor iba mucho más allá: él quería que sus inventos cambiaran la vida de las personas.

En la actualidad, varios de sus inventos siguen siendo fundamentales para que tengamos un estilo de vida cómodo. Incluso, muchas de sus ideas futuristas, como que la electricidad llegue a nuestro hogar sin cables, tal como lo hace la señal de wifi, hoy son materia de estudio para que sean una realidad.

ELLEN SWALLOW RICHARDS

Estados Unidos

(1842-1911)

QUÍMICA

La pequeña Ellen creció en un ambiente rural en Nueva Inglaterra. Sus padres eran dos maestros de escuela que le apostaron todo a una idea revolucionaria para la época: dar una educación excepcional a su hija. Unas décadas más tarde, gracias a la formación intelectual que recibió, Ellen salvaría muchas vidas.

Cuando sus padres le enseñaron todo lo que sabían, tuvieron que mudarse a la ciudad para que su hija pudiera asistir a una academia de señoritas. Luego se matriculó en el Vassar College —una de las pocas instituciones que aceptaba mujeres— y tuvo la fortuna de ser alumna de la astrónoma Maria Mitchell. Ahí encontró dos de sus pasiones: la química y la astronomía. Sin embargo, como quería aplicar lo que aprendía para resolver los problemas de la sociedad, dedicó su vida a la primera.

En 1873, retando el machismo imperante, logró ser la primera mujer aceptada en el prestigioso Massachusetts Institute of Technology para estudiar Química. Como hubo una gran oposición por parte de los hombres que no querían estudiar con una mujer, fue admitida bajo "condiciones especiales". Eso no le importó, Ellen abrió espacio para otras compañeras, montó el primer laboratorio para mujeres y creó una comunidad de científicas en todo el país para compartir lecciones y experimentos. Pese a tener todos los méritos para graduarse de su doctorado en Química, las directivas se opusieron.

Ellen desarrolló varias investigaciones en las que descubrió un nuevo mineral y el impacto de la calidad del agua y el aire en la vida humana. Con esta última, sentó las bases de la ingeniería ambiental e implementó el concepto de ecología en un país que adoptaba, sin cuestionar, la Revolución industrial. Su trabajo fue fundamental para entender por qué es necesario cuidar el entorno donde habitan los seres vivos, dar buen manejo a las aguas residuales y tomar medidas de higiene básicas para resguardar la salud pública.

En 1896, más de doscientos niños morían al año, por las terribles condiciones de los colegios de Boston. Adicionalmente, cinco mil niños se enfermaban por el mal manejo de las aguas negras, la mala calidad nutricional de los almuerzos escolares y el hacinamiento. Ir a estudiar era una actividad perjudicial para la salud. Ellen, que para la época había ganado una merecida fama como científica ambiental, denunció ante el concejo de la ciudad las causas de este fenómeno. Su discurso cambió la opinión general, y se implementaron todas sus recomendaciones para transformar los edificios públicos de Boston. Estas medidas salvaron muchas vidas.

Ellen entendió desde joven que las ciencias deben servir para mejorar las condiciones de vida de las personas, y nunca tuvo miedo de debatir para promover los cambios sociales necesarios. A diferencia de otros científicos, ella no trazó una división entre las academias y las ciencias. Tenía la firme convicción de que todos somos habitantes de una misma casa y, como en cualquier hogar, hay responsabilidades compartidas para cuidarlo.

SALOMÓN HAKIM

Colombia

(1922-2011)

MEDICINA

Salomón Hakim tenía marcado su destino en su nombre, pues su apellido significa "médico" en árabe. Era descendiente de médicos libaneses que llegaron a Colombia a principios del siglo XX. Aunque nació en Barranquilla, su familia se mudó a Ibagué cuando él tenía aproximadamente cuatro años. Allí se destacó por ser buen estudiante, tocar el piano y tener una curiosidad inagotable sobre el funcionamiento de las cosas: desarmaba cualquier aparato que caía en sus manos. Sin embargo, no siempre contaba con la misma fortuna a la hora de volver a armarlo y hacerlo funcionar.

Un día quiso construir una incubadora de huevos usando cartón, una resistencia eléctrica y un termómetro. Supuso que un huevo lograba incubar cuando mantenía una temperatura constante de 39 grados. Sin embargo, cuando se fue a dormir, el sistema falló, el calor llegó a 100 grados y, al despertar, encontró los huevos en su punto de cocción. Así aprendió que el camino del inventor siempre está rodeado de tropiezos que señalan por dónde no se debe seguir.

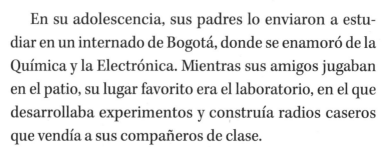

En su adolescencia, sus padres lo enviaron a estudiar en un internado de Bogotá, donde se enamoró de la Química y la Electrónica. Mientras sus amigos jugaban en el patio, su lugar favorito era el laboratorio, en el que desarrollaba experimentos y construía radios caseros que vendía a sus compañeros de clase.

Luego, siguiendo la ruta familiar, entró a estudiar Medicina en la Universidad Nacional de Colombia, donde desarrolló investigaciones sobre el funcionamiento de los flujos eléctricos en el sistema nervioso. Su campo de trabajo fue la neurología, y esta lo llevó al Hospital General de Massachusetts. Allí encontró una condición que le llamó mucho la atención: un tipo de hidrocefalia (acumulación anormal de líquido en el cerebro) cuyos síntomas no encajaban con lo que se conocía de esa enfermedad. Las cavidades del cráneo aumentaban, pero la presión de los fluidos no. Esto hacía que los pacientes padecieran un enorme deterioro de su calidad de vida: constantes ganas de orinar, pérdida de movilidad y de las facultades mentales.

Esto lo impresionó tanto que se dedicó a buscar una solución, y lo logró: inventó una válvula electrónica que regulaba la presión del líquido en el cerebro. Su descubrimiento fue casi milagroso para las personas que padecían esta condición. Aunque tuvo varias ofertas para tener sus laboratorios de investigación en otros países, prefirió siempre tener su lugar de trabajo en su natal Colombia.

Vivió casi 90 años. Recibió muchos premios y distinciones. Según cuentan, él jamás le dio mucha importancia a eso. Lo que le animaba era la seriedad de la investigación para ayudar a los demás. Más de cien mil personas cada año en todo el mundo usan la válvula de Hakim para mejorar sus condiciones de vida. El agradecimiento de sus pacientes siempre fue su mayor recompensa.

EDWARD SAID
Palestina
(1935 2003)
LITERATURA-ACTIVISMO

DANIEL BARENBOIM
Argentina
(1942)
MÚSICA-ACTIVISMO

Hay tres caminos que se pueden tomar frente a una injusticia: quejarse, no hacer nada o tomar una acción para cambiar las circunstancias. Edward, palestino con nacionalidad estadounidense, que tuvo que huir de su tierra por el conflicto árabe-israelí en 1948, estaba predestinado a ver a Daniel, judío argentino que emigró a Israel en 1952, como su enemigo natural. Cuando se encontraron por primera vez, tuvieron la oportunidad de dar el primer paso para derrotar la enemistad que habían heredado.

Edward era un destacado intelectual, profesor de literatura comparada y activista propalestino, que dominaba varias lenguas y era reconocido por sus análisis críticos de las relaciones entre la civilización árabe y la occidental. Por su parte, Daniel era músico, pianista y director de las más importantes orquestas sinfónicas del mundo. Los dos fueron hijos de su tiempo, y sus vidas se forjaron en medio de un conflicto: la creación del Estado de Israel en 1948,

hecho que cambió la antigua región de Palestina y dividió naciones que por siglos habían convivido en relativa paz.

En 1999, Edward y Daniel tuvieron la oportunidad de conocerse y compartir su descontento por la situación de Oriente Próximo que, para ellos, estaba basada en el odio, la violencia y la ignorancia respecto al otro. También hubo otras cosas que los vincularon: un amor incondicional por la música y la fe en no resignarse. Juntos, decidieron jugarse todo su prestigio y establecer la orquesta The West-Eastern Divan, que buscaba unir músicos jóvenes de países árabes con sus colegas israelíes.

Al inicio de su proyecto, ambos guardaban la esperanza de crear contactos entre los dos bandos, pues se sentían descontentos por la situación y aspiraban a que sus esfuerzos les permitieran encontrar temas en común para reconocer el punto de vista del otro.

La tarea no fue fácil, muchos jóvenes venían de entornos muy difíciles y sus padres habían sido enemigos declarados en varias guerras. Sin embargo, el amor por el arte logró que pasaran la página, que superaran el odio y se conocieran sin importar la nacionalidad.

Este proyecto ha recibido muchos reconocimientos internacionales por dar una alternativa diferente a las soluciones militares. En 2015, la organización dio otro paso al fundar la academia Barenboim-Said, con sede en Berlín, para educar a una nueva generación de músicos. El ejemplo de estos hombres nos hace guardar la esperanza de que la humanidad se entusiasme con la melodía de la sinfonía de paz y digamos por fin adiós a las armas.

JORGE AMADO

Brasil

(1912-2001)

LITERATURA

Este escritor tenía el don de sintetizar la diversidad de su enorme país: podía transmitir sin dificultad el olor, el sabor, la música y el mestizaje del mundo en el que vivía.

Su niñez transcurrió jugando en plantaciones de cacao y compartiendo con los humildes trabajadores de su padre, un hacendado que había logrado escapar de la quiebra un par de veces. Su madre, mujer de fuerte carácter y extrovertida, inculcó en sus hijos respeto, amor y libertad. Cuando tenía 11 años, fue enviado a Salvador de Bahía a estudiar internado en un liceo. Al estar en la puerta, sintió que iba a ser su prisión y salió corriendo. Los padres tuvieron que negociar con él y lograron que fuera a un colegio de jesuitas, pero no como interno. Buscando dónde hospedarse, encontró una residencia estudiantil en el centro de la ciudad, que era el hogar de vagabundos y malandrines. El contacto con las historias de este mundo marginal le dio inicio a su carrera como escritor comprometido con las causas sociales.

Al terminar la secundaria comenzó a trabajar como periodista de la sección judicial de un diario de Salvador de Bahía. Era como si la vida le indicara que el camino de su escritura era en los bajos mundos. Más adelante se mudó a Río de Janeiro para estudiar Derecho, profesión que jamás ejerció. En 1930, ya con el título de abogado, publicó su primera novela: *El país del carnaval*, que fue un gran éxito en ventas. Un tiempo después, salieron tres novelas que denunciaban la desigualdad económica de su país: *Cacao, Sudor* y *Capitanes de la arena*.

En 1935, participó en una rebelión contra el gobierno del dictador Getulio Vargas, fue arrestado y pasó unos años en la cárcel; cuando fue liberado, se exilió en Argentina. Con el fin del régimen, volvió a Brasil y se casó con Zélia Gattai, quien sería su esposa para toda la vida. En unas elecciones libres fue nombrado diputado por el Partido Comunista, pero de nuevo apareció la persecución política y tuvo que huir a Europa: primero a Francia y luego a Checoslovaquia.

Al volver a Brasil, ocurrió una maravillosa transformación en su literatura: escribió una serie de novelas muy bien acogidas por el público: *Gabriela, clavo y canela, Doña Flor y sus dos maridos, Teresa Batista cansada de guerra* y *Tieta de Agreste*, historias de heroínas capaces de sobrellevar con su amor y alegría todas las desdichas. Estos libros fueron un tributo a la magia de Salvador de Bahía, a su comida, su música, su baile y al candomblé. Jorge reveló todo su talento para mostrar que en el destino trágico de la condición humana hay otra cara de la moneda con una enorme cuota de felicidad, bondad y resiliencia.

Estos relatos, llenos de humor y esperanza, fueron llevados al cine y lograron romper todos los récords de taquilla. Jorge se volvió el escritor más importante de Brasil, con múltiples ediciones y traducciones a más de 40 idiomas en el mundo. Fue nombrado Obbá (viejo sabio en yoruba) por los bahianos y recibió varios premios y reconocimientos internacionales por sus 30 libros entre ensayos, cuentos infantiles y novelas.

Murió de 89 años de un paro cardiaco. Todo Brasil sintió su muerte, y Salvador de Bahía, su ciudad de los colores, se vistió de luto.

ROSE FRIEDMAN

Ucrania y Estados Unidos

(1910-2009)

ECONOMÍA

Cuando Rose tenía dos años, su familia, originaria de un pequeño pueblo de Ucrania, se mudó con sus hermanos a Portland, Oregón, donde su padre tenía una pequeña tienda de víveres. Comenzó su vida universitaria en el Reed College de Portland, luego, en Chicago, obtuvo un grado en Filosofía y comenzó su doctorado en Economía.

En la universidad, conoció a Milton Friedman, uno de los economistas más importantes del siglo XX, con quien empezó una relación sentimental que duraría sesenta y ocho años. El trabajo intelectual de esta pareja tuvo una gran influencia en el ámbito mundial al promover los principios liberales en la economía.

Recién casados, Rose ayudó a su esposo a recolectar los datos estadísticos de uno de sus primeros libros, *Teoría de la función de consumo* (1957). Luego, en 1962, escribieron una obra que señalaría la dirección de su trabajo: *Capitalismo y libertad*, que explica las condiciones necesarias para crear sociedades realmente libres. No basta solo con la existencia de la prosperidad económica para garantizar las libertades políticas, es necesario proteger la competencia, las instituciones públicas

independientes, promover un conjunto de valores éticos de trabajo y respetar las decisiones personales. El libro tuvo mucho éxito: hasta la fecha, se han vendido millones de copias y ha sido traducido a más de 18 idiomas.

En los años siguientes, los Friedman siguieron publicando trabajos sobre la inflación (que es el aumento general de los precios en el mercado) y las políticas monetarias. También propusieron una de las ideas que más ha sido aplicada en el mundo: los bonos educativos. Este principio plantea que, con el fin de dar una educación de calidad a las personas con ingresos más bajos, el Estado dé un bono a cada estudiante para que pueda elegir libremente a donde ir, según sus necesidades y aptitudes. De esta manera, se fomenta la competencia entre los centros educativos mejorando su calidad.

En 1976, Milton Friedman ganó el Premio Nobel de Economía y reconoció el enorme aporte que había hecho Rose a su trabajo. Unos años después, se embarcaron en un proyecto que contribuiría a promover su pensamiento en el mundo: *Libertad de elegir*, una serie de televisión de diez capítulos que luego se convertiría en un libro.

En los ochenta, publicaron *La tiranía del Estatus*, un libro polémico, donde criticaron los círculos de poder con privilegios (grandes empresarios, funcionarios y sindicatos) que no permitían los cambios necesarios para liberar la economía. La defensa de estos temas los volvió reconocidos conferencistas con una enorme capacidad para debatir ideas en público. Aunque, Milton era muy bueno discutiendo, en casa, Rose siempre ganaba.

El último libro de la pareja fue *Dos personas con suerte*, su autobiografía. En ella, narraron sus comienzos como descendientes de familias inmigrantes de Europa del Este y la historia del progreso de sus padres y hermanos. Este libro fue un canto a su esfuerzo, al estudio y al amor de un matrimonio que duró sesenta y ocho años.

DMITRI IVÁNOVICH MENDELÉYEV

Rusia

(1832-1907)

QUÍMICA

En la Rusia de su época no había un niño más ordenado que Dmitri. Mantenía sus camisas organizadas por color, de la más clara a la más oscura; también tenía muy ordenados sus pantalones, que eran muchos. Lo hacía así no porque sus padres tuvieran mucho dinero para comprarle demasiada ropa, sino porque heredaba las prendas de sus dieciséis hermanos mayores.

El pequeño Dmitri aprendió que la organización era fundamental para hacerlo todo más fácil. Siempre sabía en dónde estaban sus cosas y, lo que era más importante, cada vez que uno de sus hermanos necesitaba algo, lo encontraba con facilidad gracias al orden estricto que tenía.

Desde niño sintió una gran fascinación por las ciencias, la cual fue incentivada por su familia. Su espíritu luchador y su profundo amor por el conocimiento lo hicieron un estudiante ejemplar en cada uno de los pasos que dio dentro de la academia. En la universidad también se destacó y consiguió dictar una cátedra con tan solo veintitrés años, pues su amor por el conocimiento

MENTES BRILLANTES QUE INSPIRAN

no se limitaba a saber mucho, sino a compartir lo que sabía con los demás.

Para Dmitri, lo más importante no era el conocimiento en sí mismo, sino la aplicación de ese conocimiento, por eso incursionó en distintas disciplinas para mejorar la calidad de vida de la gente por medio de la química, área en la que se enfocó como científico e investigador.

Motivado por aquella disciplina que lo llevaba a organizarlo todo, identificó las propiedades químicas de algunos elementos por su peso atómico. El fruto de ese trabajo fue la publicación de la primera tabla periódica en 1869. Aunque otros científicos ya lo habían intentado en el pasado, Dmitri fue el único que lo logró.

Sus descubrimientos llegaron incluso a predecir la existencia de muchos elementos que para ese entonces eran desconocidos, pero que en su mente ya lograba identificar gracias a su forma de clasificación.

Los grandes logros de Dmitri han tenido repercusiones en áreas como la agricultura y la refinería de petróleos. Sus desarrollos se consideran pilares fundamentales para que podamos gozar del estilo de vida que tenemos hoy por hoy.

SARA SOTILLO

Panamá

(1900-1961)

EDUCACIÓN-ACTIVISMO

Sara fue muy seria desde pequeña, no era extrovertida como la mayoría de sus compañeras, ella era reservada pero muy analítica y espiritual.

Su vocación de maestra creció a la par que ella: se graduó de la Escuela Normal de Institutoras con la convicción de que no solo los niños necesitaban aprender, sino que muchos adultos y personas mayores, que nunca tuvieron la oportunidad de hacerlo, también tenían este derecho.

En su juventud se mudó a una población de indígenas y campesinos, y allí vio lo difícil que era la vida para ellos, en especial para las mujeres, quienes, además de atender las necesidades de sus hijos más pequeños, tenían que hacer los trabajos más duros mientras que los hombres descansaban.

Sara supo de inmediato que allí no podría lograr un mayor cambio, era necesario hacer transformaciones de raíz. Entonces regresó a la capital, en donde trabajó en la misma institución como maestra por veintinueve años. A medida que se esforzaba por educar a los más pequeños, unía a los maestros para pedir mejores condiciones laborales, ya que su salario, en vez de aumentar cada año, tendía a disminuir.

Junto a un grupo de mujeres fundó la Asociación Feminista de Panamá. Su objetivo era que las mujeres fueran independientes económicamente y que tuvieran los mismos derechos y responsabilidades que los hombres. Sin embargo, la persecución en contra suya y de sus compañeras era cada vez mayor.

Con su labor incansable, Sara hizo que el gobierno cambiará muchas leyes que perjudicaban a los maestros y a las mujeres. De esta manera, logró el reconocimiento de políticos que veían en ella una mujer fuerte que no se dejaba amedrentar por nada y que siempre luchaba por lo que era justo.

Por ser una figura tan influyente, le ofrecieron muchos puestos dentro del Gobierno para que participara en la Asamblea e, incluso, en el Ministerio de Educación. Sin embargo, Sara siguió firme en sus creencias y fue maestra hasta el final de sus días. Ganaba un salario que, si bien no era demasiado, era por lo que ella había luchado y consideraba era justo para vivir, pues su meta no era tener mucho dinero sino enseñar a muchos.

SATYENDRA NATH BOSE

India

(1894-1974)

FÍSICA

Cuando Satyendra era niño, su padre, un laborioso contador de Calcuta, le dejaba escrito en el piso problemas matemáticos para que los resolviera. Este fue el primer paso que lo llevaría a ser un pionero de la física cuántica.

Satyendra fue el mayor de seis hermanos. En los colegios donde estudió, mantuvo un registro académico impecable. Su dedicación lo llevó a cursar dos titulaciones en la universidad: Matemáticas y Ciencias. Su puntaje fue tan alto que, hasta el día de hoy, nadie ha podido superarlo.

A los veinte años ocurrieron dos sucesos que cambiaron su vida: se casó con Usha Devi y comenzó a estudiar la teoría de la relatividad de Einstein. El inmenso amor que tenía tanto por su esposa como por el trabajo del famoso científico alemán lo llevó a ser investigador del Departamento de Física de su universidad. Con su colega Meghnad Saha tradujo el trabajo de Einstein y comenzó la divulgación de sus teorías en India.

Fue definido como un genio muy tímido que mantuvo un gran respeto por los científicos occidentales.

Sin embargo, la fortuna premia a los osados. Después de una extensa investigación, envió un artículo a una revista británica que lo rechazó, en gran parte, por prejuicios raciales. Entonces decidió enviar su trabajo directamente a Einstein, acompañado por una carta que decía: "Estimado señor, me aventuro a enviarle mi artículo para su lectura y opinión. Estoy ansioso por saber qué piensa de mi investigación. Mi alemán no es lo suficientemente bueno para traducir todo el documento. Si cree que vale la pena, agradecería que lo publique en la revista Zeitschrift für Physik. Aunque soy un completo extraño para usted, me animo en hacerle tal solicitud".

Einstein quedó tan asombrado con el trabajo de Satyendra, que publicó su artículo y comenzaron a trabajar juntos sobre la estadística de partículas en el campo subatómico. Tras la publicación, el joven indio viajó a Europa y se codeó con los principales científicos de la época: Curie, Schrödinger, Planck, entre otros. Luego, regresó a la India para promover la educación y la independencia de su país.

De este trabajo conjunto surgió el concepto del Condensado de Bose-Einstein, un estado de la materia cercano a temperatura cero que permitió descubrir una de las dos partículas que componen toda materia en el universo: los bosones, llamados así en honor a nuestro genio. Estas partículas tienen la función de transmitir la fuerza. A partir del trabajo de Satyendra, otro gran científico, Peter Higgs, ganador del Premio Nobel de Física, propuso la existencia de una partícula que da origen a la masa: el bosón de Higgs, llamado por algunos "la partícula de Dios".

Satyendra Nath Bose nunca ganó el Nobel y cuando le preguntaban por este tema, siempre respondía con humildad: "Tengo todo el reconocimiento que merezco". Su verdadero premio fue el respeto y el amor que ganó por promover la ciencia y la libertad en su país. Su figura se considera un ejemplo para una India sin odios e ilustrada.

GERTRUDIS DE LA FUENTE

España

(1921-2017)

MEDICINA

Gertrudis, Turi, como le decían de niña, nació en el seno de una familia de clase obrera con varios problemas de salud y pocas posibilidades de salir adelante. Pero el destino le dio una mano a esta futura científica: primero superó su débil salud y luego su hermana, diez años mayor, logró convencer a su maestra de que la dejara llevarla a las clases cuando apenas rondaba los tres años.

Así empezó su vida académica: asimilaba todo lo que enseñaban, aprendió a leer sola y, cuando comenzó a ir por su propia cuenta al colegio, ya era una niña que sabía muchas cosas. Un cura maestro notó su inteligencia y les propuso a sus padres que la dejaran ir a las clases que dictaba para estudiantes varones. Aunque era raro para la época, aceptaron. Turi, por el oficio de su papá, en ese momento quería ser maquinista de tren.

Los alumnos no estuvieron muy contentos con tener una niña en clase, pero ella sobrellevó el machismo y fue una estudiante destacada. Al terminar el primero de bachillerato, tuvo que esperar unos años a que su padre recibiera la jubilación para mudarse con su familia a Madrid, donde podía acceder a una educación de más alto nivel. Pero de nuevo las circunstancias se interpusieron: en 1936 estalló la guerra civil española y los colegios fueron cerrados. Durante los tres años de la guerra, Gertrudis lo único que pudo hacer fue sobrevivir y, cuando tenía tiempo, leer todo lo que le llegaba a las manos.

Cuando la guerra finalizó, por fin pudo concluir el bachillerato y entró a estudiar Química en la universidad. Al comienzo, sus intereses eran la Física y las Matemáticas, pero no era muy aceptado que las mujeres estudiaran estas materias. Así que Turi, acostumbrada a luchar contra los prejuicios, cada vez que podía se colaba en clases distintas a su programa académico. En esos años descubrió un nuevo campo de estudio que la cautivó: la Bioquímica, una rama de las ciencias que estudia la composición de los seres vivos.

Turi ayudó a fundar el primer departamento de investigación de esta ciencia en España y realizó investigaciones sobre el funcionamiento de las enzimas para diagnosticar enfermedades. Su trabajo dio frutos: fue la primera española que publicó sus hallazgos científicos en revistas especializadas internacionales.

Otro de sus logro fue acercar la bioquímica a la medicina. Para ella, era vital que los médicos tuvieran bases sólidas en esta ciencia. Por eso, durante gran parte de su vida, combinó la investigacióna con la docencia.

En 1981, su prestigio la llevó a ser nombrada jefa de investigación para atender un grave caso de envenenamiento masivo que había ocurrido a causa del consumo de un aceite adulterado. Su liderazgo fue vital para descubrir a los responsables y detener la propagación de la intoxicación.

Trabajó hasta los setenta años. Murió a los noventa y cinco sin dejar un solo día por aprender. Dejó un legado de determinación para vencer las circunstancias, capacidad de trabajo para producir conocimiento y un enorme talento para motivar a las nuevas generaciones.

MOHANDAS KARAMCHAND GANDHI

India

(1869-1948)

POLÍTICA - ACTIVISMO

Nació en la ciudad costera de Porbandar, en India. Su madre era una mujer profundamente religiosa que le inculcó el vegetarianismo, la entrega por causas nobles y el respeto por cualquier forma de vida. De su padre, un reconocido político local, heredó el gusto por el servicio público. Creció en un hogar donde se respiraba amor y disciplina.

Siguiendo la tradición de la época, Mohandas contrajo nupcias a los trece años con Kasturba, madre de sus cuatros hijos. Su esposa fue su fiel compañera en todas sus luchas. Cuatro años después de su boda, viajó a Inglaterra para estudiar leyes. Allí, intentó acoplarse al estilo de vida británico y ser otro caballero del Imperio, pero algo muy dentro de él no se lo permitió.

Al graduarse, regresó a su país, sin embargo, una oferta laboral lo llevó a Sudáfrica. Allí viviría un despertar como activista social y descubriría el poder de la resistencia no violenta. Ignorando las leyes raciales que regían en ese país, compró un boleto de tren en primera clase. Cuando un pasajero blanco lo descubrió, les pidió

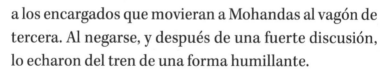

a los encargados que movieran a Mohandas al vagón de tercera. Al negarse, y después de una fuerte discusión, lo echaron del tren de una forma humillante.

Ese día meditó sobre la injusticia que había padecido y decidió emprender una batalla pacífica para reivindicar los derechos de los suyos en África: organizó reuniones y presionó para ejecutar cambios en las leyes. Y aunque las nuevas políticas de discriminación continuaron, el movimiento de la desobediencia civil y la resistencia no violenta se multiplicaron y cobraron fuerza. Así mismo, invitó a las mujeres indias a participar activamente en las huelgas y marchas. Logró frenar la implementación de esas normas injustas y su fama se dispersó ampliamente.

Mohandas regresó a su país y comenzó una larga batalla para lograr la independencia del Imperio británico. Sus estrategias de no violencia conmovieron al mundo, sin embargo, fue arrestado siete veces y pasó algunos años en la cárcel. Sus compatriotas lo llamaron Mahatma, que significa "alma grande".

Entre los episodios dentro del largo proceso por la independencia, se destacó la creación del culto de la Charkha o movimiento de la rueca de hilar: Mohandas les pedía a sus seguidores que hilaran durante una hora del día como parte de un ejercicio espiritual. Según él "no podemos trabajar sin conocer a fondo lo que estamos fijando para la eternidad". Así, promovió que los indios crearan pacientemente sus propias telas para boicotear el comercio textil británico, fortaleciendo el amor por su causa.

Por fin, logró la independencia, pero la división fue inevitable, dos países se crearon: India y Pakistán. Los nacionalistas extremos lo culparon de la partición y de tener excesivas muestras de compasión por los musulmanes. Mohandas sabía que ya estaban preparando las balas que lo matarían, pero estaba dispuesto a aceptarlas con el nombre de Dios en los labios. El 30 de enero de 1948, fue asesinado de tres tiros cuando se dirigía a orar.

Su ejemplo de vida permanece en la conciencia de hombres y mujeres de todo el mundo que aman la paz y profesan la no violencia.

CHIEN-SHIUNG WU

China

(1912-1997)

FÍSICA

Leer un libro puede cambiar un destino: cuando Chien-Shiung Wu estaba cursando la secundaria en el colegio para mujeres de Suzhou, llegó a sus manos una biografía de Marie Curie. Aprender sobre la vida de la única científica que ha ganado el Premio Nobel dos veces despertó en Wu una pasión tan fuerte por las ciencias, que pasó sus ratos libres estudiando física con esmero. En esos momentos jamás imaginó que con el tiempo sería recordada por el mundo como la Madame Curie china.

Chien nació en 1912, una época en que su país sufría grandes transformaciones sociales. Sus padres, dos maestros de escuela, apostaron por la educación de su hija, que siempre respondió a ese apoyo siendo la mejor de la clase. Sus logros académicos la llevaron lejos: primero, a una academia de señoritas a ochenta kilómetros de su casa; después, becada, a la Universidad de Nanjing, y luego, cautivada por la física —una ciencia que, gracias a la teoría de la relatividad, era el oasis de las mentes más brillantes del mundo—, a los Estados Unidos.

Después de pasar unos días en la Universidad de Berkeley, en California, decidió cursar allí su doctorado en

Física Nuclear. Abrirse espacio en el mundo de la investigación de los años cuarenta no fue fácil para ella por ser mujer, asiática y con un marcado acento extranjero. Sin embargo, su enorme capacidad de trabajo y su rigor en los procesos de investigación le hicieron ganar el reconocimiento de sus colegas. Hizo parte del proyecto de la construcción de la primera bomba atómica, que se empleó para terminar la Segunda Guerra Mundial, pero después de ver la destrucción que ayudó a causar, se lamentó por su invención y guardó esperanza de que la humanidad jamás volviera a usar la energía atómica con fines bélicos.

Sus aportes a la física fueron muchos, pero el más famoso fue el descubrimiento sobre la transformación de neutrones a protones en la desintegración radiactiva beta. Hasta ese momento, este proceso no se entendía completamente, pero Chien fue estricta en plantear experimentos en su laboratorio y contribuyó a que la ciencia avanzara en el estudio de partículas más pequeñas que el átomo.

Se retiró a comienzos de los años ochenta, después de haber recibido casi todos los premios posibles por sus aportes a la física, a excepción del Premio Nobel. Esto jamás la desmotivó, todo lo contrario: durante sus últimos años de vida dictó conferencias alrededor del mundo sobre cómo enseñar ciencias e inspirar a las nuevas generaciones a involucrarse con la ciencia. Quería que su ejemplo de vida entusiasmara a muchas niñas, tal como aquel libro sobre Marie Curie lo había hecho con ella.

ALFONSO REYES

México

(1889-1959)

LITERATURA

Desde que Alfonso aprendió a escribir, jamás dejó de hacerlo: siempre tenía un papel y un lápiz con los cuales plasmaba los versos que su alma quería contar. Desde pequeño, se le veía leyendo en la biblioteca de su padre, en especial, textos griegos y clásicos.

Creció rodeado de libros y bajo la guía de su padre, un general muy cercano al gobierno que siempre estuvo en contra de la Revolución, y esta postura le costó la vida. Alfonso sufrió mucho la muerte de su padre, sin embargo, pasaron diecisiete años antes de que expresara ese dolor por escrito, en su libro titulado *Oración al 9 de febrero*: "Entonces entendí que él había vivido las palabras, que había ejercido su poesía con la vida, que era todo él como un poema en movimiento".

Alfonso publicó su primer libro dos años antes de graduarse como abogado, lo cual le trajo cierta notoriedad en los círculos literarios e intelectuales de la época y le permitió hacerse un lugar en la escena cultural de España, país en el que tuvo que refugiarse por razones políticas. Sin embargo, su vida allí no fue fácil, ya que su condición de migrante despertaba suspicacias y desconfianzas.

Trabajó como periodista, investigador literario, tra-
ductor y conferencista. Muchos años después, su fama
como intelectual y escritor llegó a México. Por esta
razón, fue restituido dentro del cuerpo diplomático y
estuvo a cargo de importantes misiones, entre ellas,
sostener reuniones secretas con el rey de España y altas
esferas de distintos gobiernos en representación de los
intereses mexicanos.

En su labor como diplomático, pasó una temporada
en Argentina, en donde conoció a escritores muy importantes, como Adolfo Bioy Casares y Jorge Luis Borges,
quien lo consideraba como el mejor escritor de lengua
española de cualquier época. Su alma de escritor produ-
jo una gran cantidad de obras literarias que, luego de su
muerte, se publicaron en veintiséis volúmenes.

Aunque fue nominado cinco veces al Premio Nobel de
Literatura, la Academia no quiso concederle este galar-
dón, pues consideraron que Alfonso escribía demasiado
sobre los griegos, pero poco sobre los aztecas. Aunque
nunca tuvo un Nobel, Alfonso nos enseñó que hacer lo
que realmente nos apasiona es más significativo que
cualquier otro premio que se pueda obtener.

JOSEPH SCHUMPETER

Imperio austrohúngaro (República Checa)

(1883-1950)

ECONOMÍA

La vida de este gran economista siempre estuvo marcada por el cambio: nació en el seno de una familia adinerada, su padre murió cuando él tenía apenas cuatro años, y su madre se casó con un militar del ejército austrohúngaro que se lo llevó a vivir a Viena, donde se educó con las élites del Imperio. A lo largo de su carrera, vivió en cinco países, tuvo veintitrés domicilios y tres esposas. Trabajó como abogado, fue ministro, presidente de un banco y, al final, logró llevar una fructífera carrera como profesor universitario.

Joseph estudió Derecho y Ciencias Sociales en la Universidad de Viena, donde tuvo como profesor al distinguido economista Eugen von Böhm-Bawerk, allí descubrió que no estaba de acuerdo con muchas de las teorías existentes sobre las mecánicas económicas. Para él, eran estáticas y, en muchos casos, tenían conclusiones forzadas por prejuicios morales. Así que planteó una nueva forma de ver la economía dos elementos hasta el momento ignorados: el rol empresario y la innovación.

Su postulado era simple: la economía está en constante cambio, jamás puede ser un sistema en equilibrio.

MENTES BRILLANTES QUE INSPIRAN

Lo natural es que el empresario se anime a tomar riesgos, busque la innovación y, cuando sea exitoso, transforme todo el sistema productivo y alcance una nueva revolución tecnológica. A esta constante evolución, Joseph la nombró "destrucción creativa", que concibe al capitalismo como un sistema flexible que soporta toda clase de tensiones y logra, pese a todo, reinventarse. Fue un pensamiento de gran audacia y originalidad que resaltaba el papel de la innovación como motor del progreso. El empresario motivado por la competencia crea nuevos productos, tecnologías u organizaciones. Joseph planteó la diferencia entre dos tipos de empresarios: el inventor y el innovador. El primero busca la acumulación de conocimiento para inventar nuevos productos o servicios, mientras que el segundo es capaz de traer ideas inesperadas de otras áreas del saber, produce una ruptura con la forma de hacer las cosas y encuentra una necesidad que antes nadie había contemplado. De esta manera, se destruye lo viejo y se crea lo nuevo por medio de la apertura de los horizontes de la capacidad humana.

Joseph decía que su mayor logro era haber formado a tres economistas capaces de transformar la vida de las personas. En 1932, fue contratado como profesor de Harvard donde continuó su trabajo sobre la historia del análisis económico y tuvo de alumno a Paul Samuelson, futuro premio Nobel. Murió en 1950, de sesenta y seis años y hoy es recordado por el mundo como el economista que consagró al emprendedor como un héroe moderno.

ANNA SCHWARTZ

Estados Unidos

(1915-2012)

ECONOMÍA

Anna, cuyo apellido de soltera era Jacobson, fue la tercera de cinco hijos de un matrimonio de inmigrantes
radicados en Nueva York. Desde pequeña fue una estudiante sobresaliente, se graduó de Barnard College en
1934 y con tan solo diecinueve años completó su maestría. Unos años después, comenzó a trabajar en la Oficina
Nacional de Investigación Económica, entidad privada e
independiente que analizaba las estadísticas de la economía estadounidense.

En 1964, obtuvo su doctorado en Economía y se destacó por su arduo trabajo al examinar la información
de los ciclos económicos. Sus aportes más importantes
fueron estructurar y nutrir la historia económica y desarrollar la teoría monetaria.

Trabajó junto a Milton Friedman revisando los datos históricos para confirmar que una eficiente política
monetaria era vital para evitar las fuertes recesiones (las
recesiones son momentos en los que disminuye la actividad económica en una región). A partir de este análisis,
Anna concluyó una tesis que contradecía a todos: la Gran
Depresión del 1929 fue causada porque la gente perdió la

confianza en los mercados. Los datos demostraban que la culpa se debía a que el gobierno no había actuado sobre la oferta de dinero adecuadamente, lo cual ocasionó que perdiera su valor, aumentando así la deuda, y dañando la estructura financiera. Lo que se hubiera podido corregir en unos meses se agravó con la subida de los precios, el estancamiento de la actividad productiva y el desempleo. Friedman reconoció que Anna había hecho todo el trabajo y que él se había llevado la fama.

Aun así, la falta de reconocimiento nunca le preocupó. Su enorme capacidad de estudio —que acompañó con la publicación de artículos y libros como *El dinero en su perspectiva histórica*— le ayudó a ganar prestigio y oportunidades laborales en las que su criterio siempre fue bien recibido.

Nadie pone en duda todas sus contribuciones sobre el sistema monetario, las crisis financieras, el papel del gobierno, el comportamiento de la tasa de interés y la deuda pública. Durante la crisis de 2008, aunque ya tenía más de noventa años, todos la buscaban para escuchar sus consejos.

Mujeres como ella pusieron el listón muy alto en el estudio económico. Falleció a los noventa y cinco años, y dejó varios trabajos inconclusos.

MARGUERITE YOURCENAR

Bélgica

(1903-1987)

LITERATURA

A los diez días de haber nacido, Marguerite perdió a su madre y luego fue bautizada con un nombre demasiado largo para una escritora: Marguerite Antoinette Jeanne Marie Ghislaine Cleenewerck de Crayencour. Por eso, cuando decidió que iba a dedicar su vida a las letras, se nombró a secas Marguerite Yourcenar.

Su padre era un hombre adinerado e ilustrado que le brindó una educación de alta calidad con maestros particulares y lecciones de idiomas. Ella aprovechó muy bien el tiempo de estudio: desde muy joven era capaz de leer en griego y latín a los grandes autores de la Antigüedad.

Marguerite era una joven dotada para las letras y los idiomas. Tomó cursos de Literatura Clásica en la universidad. A los veintiséis años, publicó su primera novela, que fue bien recibida por la crítica. Hizo traducciones de Virginia Woolf, Henry James y Constantino Cavafis. Fue una mujer solitaria, viajó por muchos países y escribió varios libros que, con la llegada de la Segunda Guerra

Mundial, fueron olvidados. Para escapar del conflicto aceptó un trabajo como profesora de Literatura en los Estados Unidos. Ahí, en silencio y durante diez años, escribió una novela que reflejaba toda la complejidad del alma frente a la soledad del poder: *Las memorias de Adriano*, libro con el que reinventó la novela histórica y que la consagró como una de las más grandes escritoras del siglo XX. Luego vendría *Opus Nigrum* que trata la vida de un monje erudito, médico, hereje y aventurero que vive entre la Edad Media y el Renacimiento. Según su criterio, era su personaje favorito y quería que fuera, en sus últimos días, su doctor de cabecera.

Viajera y amante de conocer otras culturas, escribió sus espléndidos *Cuentos orientales* y un ensayo sobre el escritor Yukio Mishima. Publicó muchos más libros que le hicieron merecedora de reconocimientos, como ser la primera mujer en formar parte de la Academia Francesa.

KATSUKO SARUHASHI

Japón

(1920-2007)

QUÍMICA

El sonido favorito de Katsuko era el de la lluvia al caer. Su tremenda timidez hacía que pasara demasiado tiempo encerrada en su hogar. Siempre fue introvertida, aunque muy despierta e inteligente. En las noches de lluvia, se le veía en su ventana escuchando el golpeteo de las gotas hasta sumirse en un profundo sueño.

En su época, el ingreso a la educación superior para mujeres era complicado, y muchos en su familia no estaban seguros de que fuera una buena idea. Sin embargo, su mamá le dio un respaldo incondicional, pues en la guerra murieron muchos hombres, y las mujeres sin profesión quedaron desprotegidas económicamente.

Katsuko quería ser científica, investigar y descubrir de dónde y por qué nace la lluvia. Por eso cursó y se graduó de Química en el Colegio Imperial de Ciencia para Mujeres. Terminó con excelentes calificaciones, pero aún tenía muchas preguntas sin responder, así que siguió estudiando, mientras trabajaba en la Agencia Meteorológica de Japón, donde desarrolló sus propios métodos para identificar los niveles de dióxido de carbono en el mar.

Tras muchos años de esfuerzo y dedicación, Katsuko se graduó de su doctorado en Química de la Universidad de Tokio, lo que la convirtió en la primera mujer en alcanzar este título en dicha institución. Gracias a esta experiencia de ser pionera en su campo, Katsuko se propuso impulsar a más mujeres a seguir una carrera científica.

Sus investigaciones terminaron en grandes descubrimientos, como el de identificar el porcentaje de ácido que tenía el océano a causa de los residuos radioactivos de las bombas atómicas. Este trabajo lo respaldó con una tabla que les ayudó a los oceanógrafos de todo el mundo a obtener cálculos exactos del índice de acidez. Treinta años después, sus resultados fueron comprobados por tecnología de punta que hacía lo mismo de manera automática. Katsuko siguió trabajando en sus proyectos sobre la lluvia ácida y el océano, por lo cual fue nombrada la primera mujer en la historia de Japón en integrar su consejo científico.

Su legado fue muy importante tanto para su país como para el mundo. Por eso siempre será recordada como una mujer "de mente fuerte y victoriosa", que es lo que traduce su nombre al español.

MELCHOR RODRÍGUEZ

España

(1893-1972)

POLÍTICA-ACTIVISMO

Cuando su padre murió, Melchor quería que, dondequiera que se encontrara, se sintiera orgulloso de él. Quizá por eso se hizo torero, la profesión que su padre consideraba la más valiente de todas.

Poco a poco, Melchor fue ganando notoriedad, hasta que un mal día un toro lo corneó. Este hecho le arrebató para siempre las ganas de entrar a una arena a enfrentarse con un animal.

Como su familia dependía económicamente de él, aceptó un trabajo en el que arreglaba carrocerías de autos. Allí hizo amistad con anarquistas y revolucionarios obreros que se oponían a la dictadura en España, y le enseñaron sus ideologías. Estas firmes creencias lo llevaron a la cárcel en más de una ocasión. En la cárcel no dudó en levantar su voz de protesta, se convirtió en un defensor de todos los que compartían la difícil situación de estar privados de la libertad.

Su afinidad con la causa de los presos hizo que lo nombraran director de las cárceles, en donde trató de dar una vida justa a los internos, que si bien eran considerados del bando enemigo, merecían un buen trato. No olvidaba que antes había estado en el lugar de ellos.

La violencia durante la guerra era cada vez mayor: un día, tras un ataque, muchos manifestantes quisieron ejecutar a los más de mil quinientos presos de la cárcel Alcalá de Henares. Melchor se interpuso valientemente entre los hombres armados y los presos. Este acto de valor trajo consigo el respeto de sus enemigos, pero también el repudio de su propio partido.

Cuando la guerra ya estaba perdida para los de su bando, lo nombraron alcalde de Madrid para que entregara la ciudad a los militares que habían ganado. Melchor lo hizo siendo fiel a sus creencias, pero fue encarcelado de inmediato. Tuvo un juicio amañado con testigos falsos, fue condenado a veinte años de prisión, de los cuales cumplió cuatro, ya que las mismas personas que él salvó salieron en su defensa y lograron su libertad.

Hasta el día de su muerte se dedicó a vender seguros de vida en un completo anonimato, lejos del movimiento político. Sin embargo, cuando murió, se reunieron anarquistas y militares para despedirlo cantando himnos. Así, cada bando le dio el adiós a un héroe que no dudó en arriesgar su vida para salvar la de aquellos que pensaban distinto a él.

EILEEN CHANG

China

(1920-1995)

LITERATURA

A pesar de haber nacido en una familia económicamente privilegiada, la infancia y juventud de Eileen no fueron fáciles: su padre, el mismo hombre que le enseñaba las virtudes de la poesía, era un adicto al opio, por esta razón, su madre lo abandonó. Sin embargo, tanto Eileen como su hermano menor se quedaron con él por varios años más.

Luego de terminar la escuela, Eileen sufrió una enfermedad llamada disentería, que puede llevar a la muerte. Su padre, en vez de llevarla al médico, prefirió encerrarla en su cuarto por seis meses. Poco después de cumplir los dieciocho años, Eileen huyó para vivir con su madre.

Durante la época de encierro, Eileen encontró consuelo en la lectura de poesía y novelas cortas. Creó escenarios lejos de la realidad en la que vivía, y no pasó mucho tiempo para que esas imágenes que pasaban en su cabeza cobraran vida en sus primeros escritos. Gracias a su talento, recibió una beca completa en la Universidad de Londres, pero no pudo asistir a causa de la guerra entre China y Japón, conocida como la Segunda

Guerra Sino-japonesa. Entonces, estudió Literatura Inglesa en la Universidad de Hong Kong.

Eileen no solo era una talentosa escritora, también era una gran dibujante, muchas de sus ilustraciones acompañaban sus propios textos. Su estilo era cinematográfico y los acontecimientos en sus novelas ocurrían de manera rápida. Esto le permitió colaborar en muchas películas como guionista.

Su aporte a la literatura fue inmenso, pero quizá su logro más importante fue abrir un camino para la literatura china en Occidente. Gracias a ella conocemos la riqueza cultural del país asiático en este lado del hemisferio. Gracias a ella muchas mujeres chinas decidieron dedicarse a la escritura. Gracias a ella los escritores chinos son cada vez más leídos y valorados.

SERGUÉI PROKUDIN-GORSKI

Rusia

(1863-1944)

QUÍMICA

Un hombre es tan grande como sus sueños, y los de Serguéi eran inmensos. Desde muy pequeño soñaba con imágenes en movimiento, sueños que hoy son realidades para nosotros que tenemos acceso al cine, la televisión y un sinnúmero de videos en internet. Pero para Serguéi, y todos los hombres y mujeres de su época, esto era una fantasía.

Serguéi tenía muchos talentos: era un gran músico y pintor. Por esta razón, su familia lo inscribió en la Academia Imperial de Artes, en la cual sobresalió por su pasión. Sin embargo, lo que realmente movía su corazón era la fotografía. Esta afición lo llevó a innovar, a buscar que las imágenes cobraran movimiento, y, sobre todo, que tuvieran color.

Este anhelo por lograr lo que ningún otro había hecho antes lo llevó a especializarse en química y a hacerse discípulo de grandes maestros, incluido el padre de la química moderna, Dmitri Mendeléyev. Esto no lo alejó de la fotografía, sino que lo acercó más a su sueño de poder ver imágenes a todo color.

Sus años de arduo trabajo y esfuerzo tendrían su recompensa: sus avances le hicieron destacar en toda la comunidad científica. Su dedicación le permitió compartir su trabajo y obtener respuestas de muchos científicos. Y entonces logró lo que parecía imposible: a través de tres filtros (rojo, azul y verde) capturó una imagen a todo color.

Este hallazgo lo puso más cerca de una de sus metas: retratar todo el Imperio ruso a color, para que en las escuelas los niños aprendieran el valor y la inmensidad de la cultura de su país. De hecho, uno de sus deseos más grandes, y uno de tantos que alcanzó a cumplir, fue convencer a León Tolstói, uno de sus escritores favoritos, de que le permitiera retratarlo.

Serguéi supo que debía seguir su sueño de ser fotógrafo, y, por qué no, seguir innovando para que un día las imágenes en movimiento fueran una realidad a todo color. Hoy le debemos mucho a este científico que tenía alma de artista. Su trabajo fue fundamental para alcanzar la tecnología de la que disfrutamos hoy en día. A este gran descubrimiento se le llamó el principio de los tres colores, el cual se estudia en los talleres de fotografía de todo el mundo.

ALBERT SCHATZ

Estados Unidos

(1920-2005)

MEDICINA

Albert se crio en una granja con pocas comodidades. Él quería que sus padres no sufrieran cuando las cosechas no producían suficiente o el invierno arruinaba los suelos, por eso, desde muy niño, quiso ser un gran agricultor para ayudar a los suyos a mejorar la calidad de las tierras que cultivaban.

Cuando entró a la universidad, Albert descubrió que, desde el invento de la penicilina, muchas enfermedades se habían vuelto inmunes a este medicamento, por eso enfocó toda su carrera en encontrar un antibiótico efectivo contra bacterias tan resistentes como las que causaban la tuberculosis y la llamada peste bubónica.

Un año después de graduarse, tomó una peligrosa decisión: se encerró en un sótano para encontrar la cura que venciera estas enfermedades. Era algo que nadie había logrado, un pequeño descuido podría hacer que contrajera tuberculosis.

Los tres meses de esfuerzo y dedicación rindieron sus frutos cuando logró lo que parecía imposible: separar una población de células que combatían estas enfermedades. Así descubrió el derivado que salvaría muchas

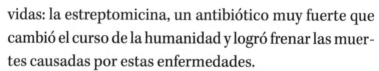

vidas: la estreptomicina, un antibiótico muy fuerte que cambió el curso de la humanidad y logró frenar las muertes causadas por estas enfermedades.

Todos pensaron que se convertiría en una celebridad de la noche a la mañana, pero uno de sus profesores, Selman Waksman, tomó todo el crédito de los descubrimientos y logró que las patentes quedaran a su nombre. Albert llevó la pelea a los estrados y logró un acuerdo para recibir parte de las regalías, pero su mayor victoria fue que reconocieran su papel en una investigación que impactó a millones de personas en todo el mundo.

IRENA SENDLER

Polonia

(1910-2008)

ACTIVISMO

Irena creció en un ambiente cargado de odio. Lo sentía en el discurso de sus maestras, en los insultos que escuchaba en la calle y cuando su padre, un médico muy reconocido, atendía a los pacientes que sus colegas miraban con desprecio y se negaban a tocar solamente por practicar una religión distinta.

Al crecer quiso ayudar a construir una sociedad más justa. Entonces comprendió que la mejor manera de ayudar a los otros era seguir el ejemplo de su padre: mejorar la salud de las personas. Trabajó como enfermera en los comedores comunitarios hasta que estalló la Segunda Guerra Mundial y su país fue invadido por los nazis, quienes apartaron a la comunidad judía en una zona conocida como el gueto de Varsovia.

Allí, Irena empezó a hacer trabajo social, y pronto se dio cuenta de una realidad horrible: las familias eran trasladadas a sitios conocidos como campos de exterminio, en donde eran asesinadas en masa, incluso los niños más pequeños.

Irena sabía que era imposible salvarlos a todos, pero eso no la detuvo. Empezó a idear formas de sacar a los niños del gueto. Primero los llevaba en ambulancias como enfermos de tifus, luego se valió de todo lo que encontró a su paso: cajas de herramientas, ataúdes, sacos de papa, canecas de basura. Todo servía para salvar una vida.

Irena llevaba un registro de cada uno de los más de 2500 niños que logró sacar del gueto: escribía el nombre que los padres habían dado al niño y el nombre que le daban fuera del gueto en los orfanatos. Guardaba los registros dentro de frascos de vidrio que enterraba en el patio de su vecina. Cuando la descubrieron, fue condenada a muerte por no delatar a sus colaboradores. Por fortuna, justo antes de ser asesinada, un soldado la sacó de su celda y le dijo que corriera con todas sus fuerzas.

Cuando acabó la guerra, fue nombrada "Justa entre las Naciones", un reconocimiento que se le da a todos aquellos que salvaron personas durante la guerra sin compartir el mismo credo o religión. En su honor se sembró un árbol y en cada una de sus ramas reposa una placa con los nombres de los niños que salvó.

VERA RUBIN

Estados Unidos

(1928-2016)

FÍSICA

La imagen es conmovedora: padre e hija construyen un telescopio con tubos de cartón, lentes y espejos. El padre de Vera, un ingeniero eléctrico de origen polaco, le estaba ayudando a su hija a construir el instrumento que la haría ver más de cerca su primer amor: las estrellas.

Su pasión por entender el cosmos, y las buenas calificaciones que tuvo en su pregrado de Astronomía en la Universidad de Vassar, en los Estados Unidos, la llevaron a presentarse a una maestría en la Universidad de Princeton. Vera no fue aceptada, pues en ese momento no se admitían mujeres en ese campo de estudio. Por fortuna, sí fue aceptada en el programa de Física de Cornell, y luego hizo su doctorado con una tesis que ponía en duda la idea tradicional de que el orden de las galaxias era forjado por el azar: a su modo de ver, las galaxias se organizaban en grandes cúmulos. Su teoría fue rechazada por los expertos de la época, pero quince años después la ciencia le dio la razón: la ubicación de las galaxias no depende de la suerte.

Fue pionera en el mundo de la astrofísica y se abrió paso trabajando en el Departamento de Magnetismo

Terrestre del Instituto Carnegie de Washington. Ahí comenzó a realizar observaciones de Andrómeda, la galaxia vecina. Al analizar la rotación y las velocidades de los cuerpos cósmicos, descubrió que no concordaban con lo preestablecido por las leyes de movimiento. "¿Existirá algo más, aparte de la gravedad, que mantenga unidas las galaxias?", se preguntaba. Ese "algo" era la materia oscura, de la que se compone el 90 % de las galaxias, y sus cálculos confirmaron la existencia de esta: una masa que no emite luz y que hace que los cuerpos celestes no se "desbaraten".

Este descubrimiento abrió nuevos campos de estudio para la comprensión del universo. Cabe resaltar que Vera combinó su trabajo en las ciencias con el de ser madre de cuatro hijos. Muchas veces tuvo que multiplicar sus tiempos y sus espacios, como una enigmática fuerza cósmica, para cuidar a todos sus amores.

Fue una eterna candidata al Premio Nobel de Física, pero esto no le quitaba el sueño. Aunque ganó varias condecoraciones, siempre dijo que su mayor logro era que sus datos fueran usados durante mucho tiempo por otros astrónomos.

JORGE LUIS BORGES

Argentina

(1899-1986)

LITERATURA

Jorge Luis heredó el amor por la poesía de su padre, quien le enseñó que las palabras no solamente eran un medio para comunicarse, sino que también podían ser magia y música. Quizá por esto, luego de leer varios libros, casi hasta aprendérselos de memoria, escribió su primer relato con solo siete años.

Fue educado en casa por una institutriz británica, y solo cuando cumplió los nueve años sus papás lo inscribieron en un colegio para cursar el cuarto grado. Sus compañeros nunca fueron respetuosos: le ponían apodos, lo molestaban por "sabelotodo" y, especialmente, porque tartamudeaba.

Fueron años difíciles: para sus compañeros era imperdonable que no mostrara el mismo interés que ellos por el deporte y los juegos. Los libros fueron su salvavidas, pasaba horas leyendo en la biblioteca de su padre, y también escribía sobre lo que leía.

El padre de Jorge Luis se estaba quedando ciego por una enfermedad, la misma que él heredó y que desarrolló en los últimos años de vida. La búsqueda de una cura los llevó hasta Suiza, y allí el pequeño tuvo la oportunidad

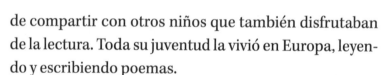

de compartir con otros niños que también disfrutaban de la lectura. Toda su juventud la vivió en Europa, leyendo y escribiendo poemas.

Tras la muerte de su padre, tuvo que hacerse cargo de su familia, por lo que entró a trabajar en una pequeña biblioteca de Buenos Aires, allí pasaba el tiempo leyendo y escribiendo. Fue en este lugar en donde nacieron muchos de sus cuentos más famosos, llenos de referencias a otros escritores y a otros libros; incluso, como si se tratara de una broma, muchas veces escribía largas descripciones de libros o autores que no existían.

Durante la dictadura, tuvo que renunciar a su empleo, viajar para dar conferencias y así ganarse la vida. Fue también profesor catedrático y editor. Cuando su ceguera comenzó a empeorar, se convirtió en director de la Biblioteca Nacional. Apenas podía distinguir los lomos y las carátulas del casi millón de libros que tenía a su entera disposición. Esta situación irónica lo inspiró a escribir uno de sus poemas más célebres: "El poema de los dones".

Sus textos son un paso obligatorio para los escritores y estudiantes de literatura de todo el mundo. Y aunque fue candidato al Nobel durante treinta años, la Academia decidió no darle el premio. Sin embargo, esto no logró quitarle su lugar privilegiado en la historia de la literatura universal.

GEORGES LEMAÎTRE

Bélgica

(1894-1966)

FÍSICA

Desde pequeño, Georges demostró ser muy bueno en ciencias, especialmente en matemáticas. Sus padres y maestros se sorprendían de la habilidad que tenía el joven para entender el mundo de las ideas. Este entendimiento lo aplicó cuando empezó a estudiar Física.

Pero las ciencias y las matemáticas no eran su mayor vocación. Con tan solo nueve años, Georges ya tenía muy claro qué quería hacer cuando fuera grande: dedicarle su vida a Dios. Sería un sacerdote que llevase el evangelio por todo el mundo. Como su familia era católica, todos le apoyaron. Sin embargo, su padre le recomendó que no empezara por el sacerdocio, sino que primero cursara una carrera universitaria.

Georges siguió el consejo de su padre y se inscribió en la universidad para estudiar Ingeniería. Sus compañeros siempre lo consideraron un joven muy espiritual, que daba la misma importancia a la ciencia que a la religión: era tan normal verlo leyendo la Biblia, como artículos de físicos reconocidos.

Mientras cursaba su carrera, estalló la Primera Guerra Mundial, y sintió la necesidad de presentarse en el frente

MENTES BRILLANTES QUE INSPIRAN

de batalla. Su carácter y capacidad de liderazgo le permitieron escalar rápidamente dentro de su división: alcanzó el rango de sargento mayor y, gracias a sus heroicas acciones, fue condecorado con la Cruz de Guerra, una distinción que resaltaba el valor en el campo de batalla.

Cuando regresó, Georges abandonó la Ingeniería y empezó a estudiar Física y Matemáticas. Fue allí donde sus logros lo hicieron resaltar, y sus teorías sobre el inicio del universo se empezaron a gestar. Tal como se lo había prometido a su padre, se graduó de la universidad antes de ordenarse como sacerdote, pero no detuvo sus estudios hasta que logró cursar un doctorado, el máximo nivel académico que otorgan las universidades.

Georges descubrió, mediante complejas ecuaciones matemáticas, que el universo había nacido de una minúscula partícula que, luego de explotar, sigue en una expansión continua hasta nuestros días. Tras su descubrimiento, intentó convencer al papa Pío XII de que usara este modelo como complemento del relato bíblico, pero su iniciativa jamás tuvo éxito.

Muchos científicos, incluido Einstein, afirmaron que estaba equivocado y que estaba forzando sus ideas religiosas para que coincidieran con las teorías científicas. Incluso alguien, en tono de burla, se refirió a su hipótesis del átomo primigenio como el Big Bang o la Gran Explosión. Hoy en día, el Big Bang es la teoría científica más aceptada sobre el inicio del universo y, aunque muchos la usan para demostrar lo separada que está la ciencia de la religión, fue justamente un religioso quien llegó a ella.

IDA WELLS-BARNETT

Estados Unidos

(1862-1931)

LITERATURA-ACTIVISMO

Los padres de Ida sufrieron el flagelo de ser esclavos, hasta que una ley estadounidense prohibió que cualquier hombre o mujer fuera propiedad de otro y les dio a todos los mismos derechos; derechos que no siempre se respetaban.

Ida fue una de las primeras personas en luchar contra la segregación en los Estados Unidos. Siempre mostró su desacuerdo con las medidas que consideraban a los afroamericanos como ciudadanos de segunda categoría, por ejemplo: en ese entonces no podían entrar a muchos lugares y solo podían sentarse en la parte trasera de los buses y trenes, pues la delantera estaba reservada para la población blanca.

Cansada de la injusticia, un día Ida se negó a dar su puesto en el ferrocarril a un hombre de raza blanca, demandó a la empresa de ferrocarriles y ganó la demanda. Aunque en la segunda instancia perdió, sentó un precedente. Pasaron setenta años para que su sueño de justicia e igualdad se hiciera realidad, pero sus esfuerzos contribuyeron al progreso de los Derechos Civiles en los Estados Unidos y en el mundo.

MENTES BRILLANTES QUE INSPIRAN

Cuando asistió a manifestaciones a favor del derecho al voto de la mujer, le pidieron que marchara atrás, ya que las razas debían estar separadas. Ella levantó su voz y se negó con fuerza, lo cual le hizo ganar notoriedad y respeto entre sus pares.

Ida mezcló la labor de activista con la escritura. En sus textos documentó diferentes tipos de violencia contra la población negra en el sur de los Estados Unidos: los linchamientos, las falsas acusaciones que terminaban en violencia, la imposibilidad de tener un juicio justo, entre otros.

Ida es el mejor ejemplo de que la tenacidad y la convicción de hacer el bien, pueden cambiar el mundo.

LUDWIG VON MISES

Imperio austrohúngaro (Ucrania)

(1881-1973)

ECONOMÍA

Durante sus noventa y dos años, Ludwig fue testigo de las más asombrosas invenciones: la luz eléctrica, la aviación, los automóviles, el teléfono, la televisión, entre otras. También vio cómo las fuerzas de la historia acababan imperios, producían guerras y ampliaban los límites de la maldad. Como atento observador de estas transformaciones, usó la economía para entender sus orígenes y rescató la libertad individual como el motor del progreso social.

Cuando era niño, su familia se trasladó a Viena. Allí, tuvo una estricta educación que combinó con frecuentes visitas a los cafés donde escuchaba acalorados debates sobre arte, ciencia y política. Sus lecturas desarrollaron en él un profundo sentido crítico. Al leer *La Eneida*, de Virgilio, encontró una frase que lo marcó para siempre: "No cedas ante el mal, sino combátelo con mayor audacia". Su amor por la historia lo hizo descubrir en ella una herramienta poderosa para entender las causas de los eventos que determinan nuestras vidas.

Cuando empezó a estudiar Derecho, tuvo acercamientos con las ideas socialistas, pero se alejó de ellas al leer a Carl Menger, quien le hizo comprender el papel de la

libertad en el desarrollo social. Por esto comenzó a investigar sobre diferentes asuntos económicos: ¿qué puede hacer un gobierno para que su país sea próspero?, ¿cuál debe ser la cantidad óptima de dinero circulante en el mercado?, ¿por qué se dan los ciclos económicos? Aunque sus tesis no eran populares, fue creando pequeños grupos de seguidores que luego serían reconocidos economistas.

Tras graduarse, fue profesor universitario hasta que empezó la Primera Guerra Mundial. Luego del conflicto, entró a trabajar en la Cámara de Comercio de la baja Austria, allí sus recomendaciones fueron vitales para que su país evitara los problemas financieros producto de las deudas contraídas por la guerra.

En 1922, tuvo un debate famoso que le hizo ganar muchos enemigos y fama de testarudo. Para ese tiempo, las ideas socialistas eran muy populares, en medio de ese panorama, presentó un trabajo donde demostraba que un sistema en el que una entidad estatal restringe la libertad del comercio y la propiedad privada, no funcionaría. La controversia fue enorme y casi arruina su carrera.

Sin embargo, no se dejó amedrentar: siguió publicando libros y fue abiertamente crítico contra los regímenes autoritarios, enemigos de la libertad, que poco a poco conquistaban Europa: el nazismo, el comunismo y el fascismo. Ludwig tuvo que huir a los Estados Unidos cuando las tropas de Hitler entraron a Viena. Para ellos, él era el último paladín de la libertad que debía ser eliminado. En su fuga, recordaba: "No cedas ante el mal, sino combátelo con mayor audacia".

Los primeros años en el extranjero no fueron fáciles. Ludwig era visto como un economista que no simpatizaba con el pensamiento generalizado que promovía una alta participación del gobierno en la intervención de los mercados. Pese a todo, logró un puesto de profesor visitante en la Universidad de Nueva York. Sus clases y seminarios, que dictaba con un marcado acento austriaco, le ayudaron a conseguir un grupo reducido de seguidores que con el tiempo serían los mejores divulgadores de sus ideas sobre la naturaleza de las decisiones individuales para el desarrollo humano.

RAYMOND DAMADIAN

Estados Unidos
(1936-)

MEDICINA

Raymond Damadian creció en los Estados Unidos, en una época en la que se creía que con voluntad y trabajo duro cualquier cosa era posible. De niño, su pasión por el violín lo llevó a ser aceptado en la prestigiosa escuela Juilliard, donde tuvo la oportunidad de tener como maestro al reconocido músico Andrew McKinley. Pero el destino tenía otros planes para Raymond: a los dieciséis años, recibió una beca para estudiar Matemáticas y Química en la Universidad. Entonces la música dejó de ser el eje de su existencia, la nueva misión de su vida sería salvar vidas, lo que lo llevó a hacer una maestría en Medicina.

En los años sesenta, el doctor Raymond comenzó a padecer una molestia en la boca del estómago acompañada de un mal sabor de boca. Acudió a varios colegas, pero la única herramienta que tenían eran los rayos x, que resultaron insuficientes para un diagnóstico. Raymond vio en esta situación la oportunidad de desarrollar una nueva herramienta para ver el interior del ser humano.

En 1969, su amigo, el bioquímico Freeman Cope, le mostró los principios de una nueva tecnología: la Resonancia Magnética Nuclear (RMN), que consiste en bombardear los átomos de un cuerpo con ondas de radiofrecuencias mientras se rodean de un campo magnético, para que absorban o reflejen energía. Este efecto crea, por contrastes, imágenes del interior del organismo. Para Raymond, la clave estaba en los átomos de hidrógeno que componen los tejidos de todo ser vivo. Ellos ayudarían a dar imágenes precisas de nuestro interior para saber con exactitud qué está pasando ahí adentro. Su abuela había muerto de cáncer de seno. Esto lo motivaba aún más para descubrir un método más práctico para detectar este terrible mal en una etapa temprana.

Fueron varios años de trabajo duro, pero, en 1977, Raymond pudo hacer la primera imagen de un humano con la recién creada máquina RMN, a la que llamaron "la indomable". De esta manera, descubrió que los tejidos cancerígenos mostraban diferentes tonalidades que los tejidos sanos. Abrió las puertas de un nuevo campo de estudio para tratar enfermedades. Hasta la fecha, se calcula que más de setenta millones de personas en el mundo se han beneficiado de este tipo de tecnología.

En 2003, dos científicos que habían ayudado a desarrollar la tecnología del RMN, a partir de los estudios de Raymond, fueron ganadores del Nobel de Medicina. Para muchos fue injusto que no se le tuviera en cuenta, pero Raymond no está preocupado por estas discusiones que jamás serán resueltas, y actualmente, a sus ochenta y tres años, sigue trabajando en su laboratorio para mejorar sus máquinas y, de esta forma, lograr el más alto mérito de todos: salvar vidas.

ESTHER LEDERBERG

Estados Unidos

(1922-2006)

QUÍMICA

Existen personas que, ignoradas por todos, sin darse cuenta, están salvando el mundo con su trabajo digno y silencioso. Esther Lederberg fue una de ellas.

Hija de un mecánico de imprenta de origen rumano, creció en Nueva York durante la Gran Depresión. La pobreza fue un denominador común en su infancia: muchas veces su almuerzo se limitaba a un pedazo de pan con salsa de tomate.

Entró a estudiar a los diecisiete años a la universidad. Inicialmente estaba atraída por los idiomas y la literatura, pero eligió las ciencias y una nueva fascinante rama de estudio: la genética. Sus profesores le dijeron que una bióloga solo tendría espacio en la botánica, pero su capacidad de investigación y excelentes calificaciones le abrieron las puertas en laboratorios donde continuó sus estudios.

Vivir con carencias forjó su ingenio para encontrar oportunidades donde otros no las veían. Cuando estudiaba Biología, no tenía dinero para cubrir sus necesidades diarias, así que almorzaba las ancas de ranas que sobraban de los experimentos del laboratorio. Sin embargo, la falta de recursos económicos no fue la mayor barrera que

MENTES BRILLANTES QUE INSPIRAN

enfrentó Esther en su rol de científica: los prejuicios sobre una mujer trabajando en microbiología desafiaron su determinación para ser pionera en este campo de estudio.

El trabajo de Esther fue fundamental para entender el funcionamiento de la transmisión de información de las bacterias, especialmente el proceso de transducción, que es cuando un virus usa el ADN de una bacteria para transferirse a otras. Este tipo de virus puede estar inactivo durante un tiempo hasta que un cambio en el entorno, por ejemplo, la falta de alimentos, lo activa. Su investigación ha sido fundamental para luchar contra enfermedades como el VIH, herpes y cáncer.

A comienzos de los años cincuenta, existía un problema a la hora de copiar un cultivo de bacterias: era muy difícil obtener la misma ubicación de las células en diferentes placas de réplica. Esther hizo gala de su ingenio y, recordando los timbres de marca de agua que su padre usaba en la imprenta, ideó un sello de terciopelo esterilizado que capturaba con sus fibras las colonias de bacterias y permitía duplicar el patrón original. Una solución que, por su simpleza, fue brillante.

Por esa misma época, Esther contrajo matrimonio con Joshua Lederberg, quien ganó el Nobel de Medicina en 1958. Gran parte del trabajo que lo consagró como un científico de renombre se debe a la incalculable colaboración de su esposa, quien no obtuvo ningún reconocimiento. Con el tiempo, y luego de su divorcio, muchos colegas abogaron para que su trabajo tuviera el crédito que merecía. Eventualmente, otros premios sí llegaron.

Gran parte de su vida fue una profesora a la que sus alumnos recuerdan como una abuela dedicada, sabia y cariñosa. Además, encontró en la música el balance perfecto para su vida: fundó una orquesta de flautas que tocaba piezas del periodo barroco y medieval. Ahí conoció a su segundo esposo, Matthew Simon, con el que fue muy feliz hasta el día de su muerte, en 2006. Había partido una pionera de la genética que, para muchos, ya no era invisible.

STEFAN ZWEIG

Imperio austrohúngaro (Austria)

(1881-1942)

LITERATURA

Stefan nació en una familia privilegiada. Su padre, un importante fabricante textil, y su madre, descendiente de una poderosa familia de banqueros, le dieron apoyo incondicional y acceso ilimitado a una biblioteca que contenía los más diversos escritores en sus ediciones y lenguas originales. Por eso, desde joven, descubrió en la lectura un refugio.

Su carrera de escritor la empezó en su infancia, pero solo cuando publicó su primera colección de poemas, todavía en la universidad, comenzó a adquirir cierto reconocimiento. Primero colaboró con ensayos y escritos cortos para un periódico local y, luego, publicó su primera novela con la marca que lo caracterizaría en todos sus escritos: su constante preocupación por la descripción de la psicología de los personajes.

Dedicaba su vida a compartir con sus amigos escritores en muchos países y viajaba por todo el mundo conociendo otras culturas y creencias, hasta que su vida cambió de repente, así como la de todos los europeos que vivieron en esa época: inició la Primera Guerra Mundial.

Consciente del momento crítico que estaba viviendo su país, y cegado por un sentimiento patriótico, Stefan se enlistó en el servicio militar para defender a su nación. Sin embargo, luego de esta experiencia se convirtió en un completo enemigo del conflicto bélico, así lo registró en muchos de sus libros.

Pasaron pocos años entre las dos guerras, y la segunda fue incluso más dura para Stefan, pues, por su ascendencia judía, empezó a ser perseguido por los nazis. Al inicio, el hostigamiento consistió en ser excluido de las carteleras que anunciaban las obras de teatro que había escrito. Pero cuando empezaron a quemar sus libros en la plaza pública supo que tenía que huir, pues su vida corría peligro. Vivió en muchos países, hasta que se radicó en Petrópolis, una pequeña colonia en Brasil.

Stefan dejó un legado sumamente importante para la literatura, pues sus poemas, novelas y obras de teatro son de una calidad que prevalece hasta ahora, y en ellos resalta la importancia de la paz sobre los intereses de las naciones.

AGRADECIMIENTOS

Los autores quisieran agradecer a Dios en primer lugar: además de salvarles la vida, ha permitido que este proyecto sea posible. A sus familias por el apoyo incondicional. A Carolina, su editora, por la confianza y entrega al proyecto desde que escuchó por primera vez la idea de los genios que resaltamos en esta edición. A Kato por su maestría, a Topo por su entrega, y a todos los que creyeron en nosotros desde el inicio.